맛있는 어린이 인문학 16

생물의 다양성을 위한

도시 텃밭 가꾸기

마리 레크로아르 글 | 니콜라 구니 그림 | 김영미 옮김

내인생의책

싹이 나고, 꽃이 피고, 꽃이 지고,
다음 해도 자라고, 자라고 또 자라고
봄, 여름, 가을, 겨울……. 자연은 계속 변하죠.
도시 텃밭에는 늘 할 일이 있어요.

봄이 오면 도시 텃밭은 잠에서 깨어나요.
땅이 따스해지면, 씨를 뿌리고 모종을 심어요!

여름이 되면 풀이 무성한 도시 텃밭은 모네의 그림을 닮았어요.
하지만 가뭄과 더위는 며칠 만에 도시 텃밭을 망가뜨릴 수 있어요.

가을에는 해가 짧아져서 잎사귀가 붉게 물들어요.
나뭇잎이 떨어지기 전에 작별 인사를 하는 거죠.

겨울이 오면 자연은 잠을 자요. 그래도 너무 춥지 않으면 뭔가를
심을 수 있어요. 그럼 도시 텃밭은 다시 아름다워지겠죠. 봄을 기다리며!

식물은 무엇을 먹을까요?

식물의 식단에는 물, 탄소, 산소, 각종 무기질이 있어요.
빛도 있어요. 빛은 이 모든 것들을 소화하는 데 필요한 에너지를 줘요.

자연은 우리에게 영감을 주죠.

* **식물은 뿌리로 물과 무기질을 빨아들여요.**

* **나뭇잎에서 광합성이라는 마법이 일어나요.**
뿌리에서 빨아들인 물, 공기 중의 이산화탄소,
흙의 영양소가 생명으로 변하거든요.
식물은 태양 에너지가 필요해요. 나뭇잎의 모양도 빛을
받아들이기에 좋게 생겼어요!

* **광합성을 할 때**, 식물은 산소를 뿜어내요.
벌레, 새, 텃밭 가꾸는 사람도, 지구에 사는 모든
생명은 산소가 필요해요. 식물도 마찬가지고요!

부식토는 식물의 영양분이 든 흙이에요.
생물(식물과 동물)에서 나온 잔해나 찌꺼기가
무척추동물과 미생물이 무기질로 만들어요.
그럼 식물이 "먹을 수 있는 것"이 되죠.

겨울, 잠든 텃밭

실습   부식토 공장인 퇴비(두엄) 만들기

1. 자, 짠! 과일 껍질 한 양동이, 낡은 종이 상자 3개, 짚이나 풀 외발 수레 한 분량, 낙엽도 한 수레, 달걀 껍데기 조금, 재를 한 줌 넣고,

2. 통에 가득 채운 다음, 기다려요.

3. 몇 달 가만히 두면, 찌꺼기가 숙성된 퇴비로 변해요. 버섯처럼 쿰쿰한 내가 나는 부식토가 풍부한 퇴비가 되어요.

 : 발효가 더딘가요? 위에다 오줌을 누세요!

4. 겨울이 끝나갈 무렵 부식토를 작물 아래에 뿌려 놓으면, 부식토 속에 있던 좋은 성분이 서서히 나와요.

밥 먹자, 우리 식물아!

성공의 열쇠:
* 퇴비를 만드는 곤충과 지렁이가 살 수 있도록 통 바닥을 뚫어요
* 질소가 풍부한, 녹색의 축축한 찌꺼기(과일 껍질, 풀)와 탄소가 든 갈색의 마른 찌꺼기(낙엽, 짚)를 잘 섞어요.
* 고기, 생선, 유자, 감자 껍질은 넣으면 안 돼요.
* 한 달에 한 번 산소가 들어가도록 퇴비를 갈퀴로 뒤집어요.

좋은 흙을 어떻게 만들까요?

도시 텃밭을 가꾸려면, 부식토뿐만 아니라 돌가루와 물, 살아있는 흙이 필요해요.

> 자연은 우리에게 영감을 주죠.

1. 흙의 기나긴 역사의 **시작에는** 돌이 있어요. 물과 바람, 결빙, 돌을 먹는 미생물이 돌을 작은 조각으로 부수죠.

2. **흙이 두터워져요.** 미생물이 오줌을 누고, 똥을 싸고, 번식하고, 죽고……
이런 과정이 쌓이면 "진짜" 흙이 만들어지는데, 흙이 뭔가를 키울 수 있을 정도로 두터워지려면 몇백 년이 걸려요!

3. **흙이 형성돼요.** 스며든 빗물이 가장 미세한 입자의 돌가루를 깊은 곳으로 데려가고, 그 물이 얼면서 굵은 돌멩이를 위로 올리죠. 떨어진 낙엽은 흙 표면을 생명체가 살 수 있도록 땅을 기름지게 만들어요. 지렁이가 땅속에서 나오며 똥을 쌀 때도 같은 작용을 하죠. 이렇게 흙 속이 여러 층으로 나누어져요.

| 실습 | 모래땅, 진흙땅, 점토, 어떤 땅일까? 흙을 검사해봐요.

1. 땅바닥에서 5~10센티미터 아래의 흙을 한 줌 퍼서, 바싹 마른 상태면 물에 적셔요.

2. 공 모양으로 만든 다음, 새끼손가락 굵기에 손바닥 길이의 순대 모양으로 만들어요.

3. 만질 때 도톨도톨 알갱이가 느껴지나요? 공 모양이 부서지나요? 흙에 모래가 많은 거예요. 식물의 뿌리가 쉽게 내릴 수 있지만 물과 유기물도 쉽게 빠져나가죠! 위험성 : 마르고 영양이 부족할 수 있어요.

4. 순대 모양을 구부리면 부서지나요? 흙에 진흙이 많은 거예요. 진흙땅은 물과 유기물을 잘 갖고 있지만, 흙 겉이 딱딱해 어린 식물이 뚫고 올라오기 힘들어요.

5. 예쁜 고리 모양으로 만들 수 있나요? 점토예요. 유기물을 잘 함유하지만, 비가 내리면 흙이 덩어리가 져 뿌리가 숨을 못 쉬어요.

잘 붙네!

무슨 흙이든 부식토를 주기적으로 더해 주면, 문제가 해결돼요!

어떻게 식물은 향기가 좋을까요?

어떤 식물은 향이 좋아서 음식에 풍미를 더하기 위해 사용돼요! 하지만 식물이 그렇게 향기를 풍기는 건 사람들이 좋아하라고 뿜는 게 아니에요.

> 자연은 우리에게 영감을 주죠.

* **백리향**이나, 민트, 로즈메리 같은 **향이 나는 식물은**, 꽃이나 잎을 구기면 향이 더 강하게 나요. 아주 작은 공기주머니가 터져 식물이 가진 독특한 분자 혼합물을 내보내게 되거든요. 이 혼합물이 향기를 머금고 있어요.

* **이 물질은** 열에 의해서도 터져요. 그래서 날이 더울 때, 꿀을 모으는 곤충이 가장 활발하게 돌아다니죠! 어떤 식물의 향기는 꿀벌, 파리, 나비 같은 곤충을 꼬드겨요. 곤충은 수분을 하는 데 이바지해요! 또 어떤 식물은 냄새를 피워서 자신을 갉아 먹는 벌레를 쫓아내요!

> **실습** 향기 나는 식물을 심어요.

자연에서는 백리향, 세이지, 로즈메리가 황무지나 관목숲의 빗물이 고이지 않는 땅에서 자라요. 그래서 도시 텃밭에서도 뿌리를 썩게 만드는 습기를 멀리해야 해요.

1. 식물마다 각각 구멍을 파는데, 종지보다 약간 넓고, 깊이는 종지 길이의 두 배만큼 깊게 파요. 구멍과 구멍 사이 거리는 팔 길이만큼 띄워요.

2. 바닥에 물이 고이지 않도록, 또 뿌리가 물에 잠기지 않도록 자갈이나 모래를 두껍게 깔아요.

3. 퇴비를 약간 넣어요.

4. 거기에 분형근(모양이 둥글게 된 뿌리)을 심고, 흙을 덧뿌려요. 다져주고 물을 담뿍 주세요.

식물은 서로 친할까요?

식물도 서로 도우며 자라는 식물도 있고, 함께 심으면 안 되는 식물도 있어요.

> 자연은 우리에게 영감을 주죠.

* **같은 종의** 식물은 같은 것을 필요로 하는 경우가 많아요. 케일과 방울다다기양배추, 양파와 샬롯, 작은 호박과 주키니를 같이 키우면, 서로 경쟁을 해서 잘 자라지 못해요!

* **어떤 식물은 서로 도와요**. 햇빛을 좋아하는 식물은 그늘을 좋아하는 식물에 양산이 될 수 있고, 키가 큰 옥수수 같은 식물은 강낭콩 같은 덩굴식물에 지지대가 되지요.

* 채소밭에 달갑지 않은 **곤충을 쫓아내는 꽃도 있어요**. 코스모스는 배추흰나비를 방향을 잃게 해요. 이 해충이 채소에 알을 까면 큰 피해를 보죠. 그 외에도 방향성 식물(백리향, 로즈메리, 세이지)은 많은 곤충을 쫓아내요.

> **실습** 사이좋은 식물의 씨를 뿌려요.

처빌은 주키니의 진딧물과 민달팽이를 쫓아요.

1. 3월에 잘 발효된 퇴비와 부식토를 섞어서 기름진 흙을 준비해요.

2. 5월 말 6월 초에 땅 표면에서 2센티미터 깊이에 주키니 씨를 심어요. 처빌의 씨앗도 같은 방법으로 주키니 주변에 심어요.

3. 씨를 심은 곳에 작은 분화구 모양을 만들어요. 분화구 가득 물을 주세요.

4. 주키니 싹을 빨리 나게 하려면 분화구마다 작은 온실을 만들어 주세요. 5리터짜리 물병의 바닥을 자르고, 공기 순환을 위해 병뚜껑을 열고 심은 곳에 덮어요.

5. 흙이 마르면 짚으로 덮고 위에 물을 부어주세요.

못은 무슨 소용이 있을까?

자연에서 못은 다양한 생물이 모여 사는 곳이에요.
민물고기와 개구리 같은 양서류의 서식지고, 새가 머물다 가는 곳이죠.
그뿐만 아니라 식충식물과 같은 놀라운 식물도 볼 수 있어요.

> 자연은 우리에게 영감을 주죠.

* **안타깝게**, 프랑스에서 최근 백 년 동안, **많은 습지가** 건물이나 경작지로 **바뀌었어요**.
* **어떤 습지는 오염돼서**, 더는 생물 다양성을 유지하지 못해요.
* **어떤 습지는** 예쁜 노란 꽃이 피며 무시무시하게 퍼지는 달맞이꽃 같은 전이성 종에게 **침범당해요**.

* **못 만들 자리 하나 없을까?**
텃밭이 작더라도 못이 하나 있으면 생물 다양성에 보탬이 될 거예요. 곤충이 거기서 번식하고, 잠자리가 사냥하러 오고, 새가 목욕하겠죠.

실습 미니 저수조를 마련해요.

1. 아연이나 테라코타로 만든 튼튼한 용기를 하나 마련해요. 구멍을 잘 막아요.

2. 해가 쬐는 곳에 두면 수초가 마구 자라나니까, 그늘진 곳에 자리를 잡아요.

3. 저수조 안에 다양한 높이의 화분을 뒤집어서 놓아요. 이들 받침대 위에 다음과 같은 식물을 놓을 수 있어요:

* 쇠털골같이 물에 산소를 공급하는 식물
* 쇠뜨기말이나 물옥잠과 같이 곧게 서는 식물
* 꽃이 특히 예쁜 키 작은 수련

🪴 미니 저수조는 3, 4월이나 9월에서 11월 사이에 만들어요.

이게 만남의 장소 역할도 하네!

4. 저수조 식물 옆으로 물을 부어요. 물이 증발하여 날아가니까 이따금 채워주세요.

5. 화분 심기: 다른 화분에 수생식물용 부식토를 가득 채우세요. 물에 잘 적신 다음 구멍을 파고 식물을 심어요. 부식토가 자리를 잡도록 자갈로 덮어주세요. 돌멩이로 무게 중심을 잡은 화분을 적당한 높이에 안치세요.

잡초는 과연 필요가 없을까요?

잡초는 심지도 않았는데 화단에서 나오고, 줄지어 심은 순무 사이나 잔디 속에 비집고 눌러앉아요. 이 "작물의 불청객"은 좋은 소리를 못 들어요. 그렇지만 자연은 물론이고 우리 사람도 잡초가 필요하답니다!

> 자연은 우리에게 영감을 주죠.

* **많은 곤충이 민들레꽃에서** 꿀을 모아요. 따라서 민들레는 꽃가루 매개곤충은 물론 "노란 눈의 아가씨"라는 별칭의 풀잠자리에게도 도움을 주죠. 이 곤충들은 애벌레일 때 진딧물을 어마어마하게 먹어 치워요!

> 민들레 씨가 퍼지는 것을 막으려면, 꽃이 지자마자 잘라버려요.

* **엉겅퀴는** 쇠침을 닮았어요. 엉겅퀴꽃의 덥수룩한 머리는 겨울에 새의 먹이가 되는 씨를 수십 개 감추고 있죠.

* **민들레, 달래, 회향, 쇠비름, 쐐기풀은** 먹을 수 있어요. 하지만 다른 식물과 헷갈리지 않도록 조심하세요!

* **참제비고깔, 초롱꽃, 수레국화, 개양귀비는** 아주 예쁜 꽃을 피우죠.

봄, 잠에서 깸

실습 — 쐐기풀 물거름 : 마법의 물약 만들기

1. 작업복을 입어요 : 청소용이나 텃밭 작업용 장갑과 소매에 고무줄이 있어 손목에 딱 붙는 긴 소매 운동복을 입어요.

2. 꽃이 피지 않고 씨가 맺지 않은 (씨가 땅에 떨어지면 안 되니까!) 쐐기풀을 흙 가까운 데를 잘라 양동이에 담아요.

3. 어른과 함께 전지용 가위로 쐐기풀을 벤 다음, 약 10리터 물을 통에 채워요. 자른 쐐기풀을 물에 집어넣어요.

4. 막대기로 매일 휘저어요. 거품이 더 생기지 않으면 발효가 끝난 거예요. 물거름을 사용하기 전에 체에 걸러요.

5. 20%로 희석(물 네 컵에 물거름 한 컵)하면, 아주 훌륭한 비료예요.
* 10%로 희석하면 살충제로 사용할 수 있어요.
* 원액을 퇴비에 부으면 발효를 촉진해요.

웩, 냄새 한번 고약하네!

물거름은 밀폐된 용기에 담아서 어둡고 서늘한 곳에서 10일간 보관할 수 있어요.

진딧물을 무서워할 필요가 있을까요?

이른 봄에 텃밭에서 식물을 갉아 먹는 벌레를 자주 볼 수 있어요.
벌레는 천적이 많아지기 전까지 많이 늘어날 수 있어요.

> 자연은 우리에게 영감을 주죠.

* **끔찍해!** 장미나무 어린 순에 수액을 빨아먹는 작은 벌레가 잔뜩 붙었어요.
이렇게 되면 안 좋은 결과가 생길 수 있어요.
* **우선**, 식물이 영양소를 많이 빼앗기게 되죠.
* **그리고** 진딧물의 타액은 성가신 결과를 불러와요. 잎 모양을 뒤틀리게 하고, 어린 순을 시들게 하죠.
* **마지막으로**, 진딧물은 당분이 많은 배설물을 엄청나게 내놔서 달콤한 액체를 좋아하는
기생 버섯이 생기게 해요.

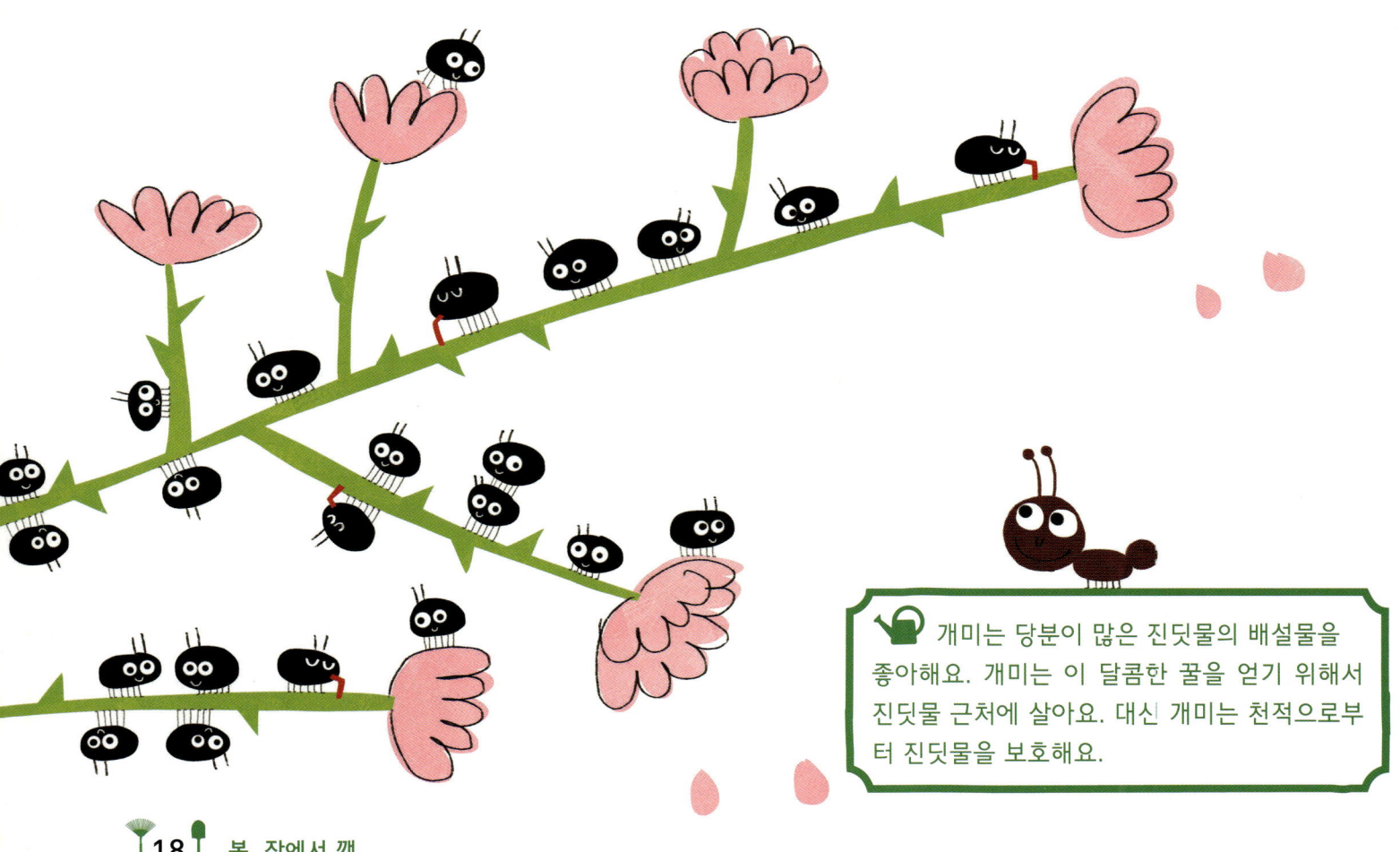

개미는 당분이 많은 진딧물의 배설물을 좋아해요. 개미는 이 달콤한 꿀을 얻기 위해서 진딧물 근처에 살아요. 대신 개미는 천적으로부터 진딧물을 보호해요.

실습 — 친환경적인 방법으로 해충 없애기

1. 진딧물은 미식가랍니다. 진딧물이 좋아하는 금잔화, 전륜화, 한련 같은 식물이 있으면 진딧물은 여러분이 키우는 식물을 거들떠보지도 않을 거예요!

2. 진딧물은 영양물 중에서도 질소가 풍부한 수액을 좋아해요. 여러분의 텃밭이 진딧물의 습격을 받았다면, 가꾸는 식물에 질소가 많이 든 부식토를 준 게 아닐까요? 낙엽이나 짚 또는 판지를 퇴비에 넣으면 탄소를 공급해서 균형을 이루게 된답니다.

3. 딱정벌레, 꽃등에, 무당벌레 등 진딧물의 천적은 엄청 많아요. 화학약품을 안 치고 텃밭에 이런 곤충이 살게 하는 것이 가장 좋은 방법이죠. 진딧물을 무진장 먹어 치우는 박새가 오도록 새집을 놔둘 수도 있어요.

4. 민트 화분을 진딧물이 낀 식물 옆에 두거나, 쐐기풀 액비, 희석한 올리브 비눗물, 또는 마늘액을 진딧물이 낀 식물에 분무기로 뿌려주어요. 이렇게 하면 다른 식물에 해를 입히지 않고 진딧물을 쫓을 수 있어요.

🪴 해충 막는 마늘 액 만들기

마늘 한 통을 으깨서, 물 1리터에 넣고 사흘간 불리세요. 90도 알코올 1큰술을 넣고 걸러요. 이 액체를 진딧물이 낀 식물에 뿌려요. 잎의 뒷면도 까먹지 말고 뿌려야 진딧물이 사라져요.

> 쳇! 이거 거의 쐐기풀 퇴비만큼이나 냄새가 고약하군!

빈 땅은 왜 안 좋을까요?

황무지 같은 벌거벗은 땅은 위험에 처한 땅이에요.
자연에서는 사막만 텅 비어 있어요.

> 자연은 우리에게 영감을 주죠.

* 벌거벗은 땅은 기화 작용으로 수분을 많이 잃어요.

* 땅 표면이 딱딱하고 두꺼워져 어린싹이 뚫고 올라오기 힘들어요.

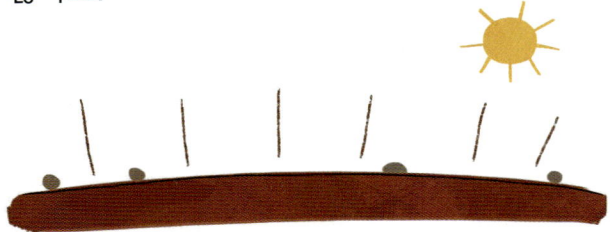

* 벌거벗은 땅은 쉽게 깎여나가요 : 영양분이 풍부한, 가장 가는 입자들이 비바람에 씻겨 내려가요. 이러면 식물이 먹을 게 없어요.

* 벌거벗은 땅은 지렁이같이 땅속에 사는 동물이 먹이를 찾을 수 없어요. 지렁이가 죽거나 떠나죠. 그러면 땅은 상태가 더 나빠져요. 아무것도 살 수 없는 땅이 돼요!

> **실습** 땅에 옷을 입혀요.

1. 저절로 자라는 식물은 가만히 두되, 너무 많이 피는 식물은 손을 보세요.

2. 작물을 고사리, 퇴비, 짚, 낙엽, 깎아서 잘 말린 풀로 일 년 내내 멀칭(바닥 덮기) 할 수 있어요. 멀칭을 해두면 흙에 사는 동물이 알아서 땅을 관리해요. 멀칭하는 재료가 10센티미터 이상 두꺼우면 잡초가 자라는 것을 막을 수 있어요!

3. 두 작물 사이에 겨자, 파셀리아 또는 자주개자리, 콩, 층층이부채꽃, 토끼풀 같은 콩과식물 레귐을 심을 수 있어요. 이 식물이 꽃을 피웠을 때 벤 다음, 그대로 두면 분해되면서 "녹색 비료"가 되죠. 땅이 비옥해져요!

누가 사과나무에 사과가 열리게 할까요?

붕붕붕! 소리가 나요, 앵앵!
텃밭 주위로 수분 매개 곤충이 공중 발레를 해요.

자연은 우리에게 영감을 주죠.

* **꿀을 모을 때 곤충 몸에 꽃가루가 묻어요.** 꽃가루는 황금색으로 수술의 생식세포를 갖고 있어요. 곤충이 이 꽃에서 저 꽃으로 날아다니며, 수정을 시키고 열매를 맺게 해요! 꽃식물의 80% 이상, 우리가 먹는 식품의 약1/3이 이 곤충들에게 달려 있어요.

* **누구나 꿀벌은 알고 있지요.**
그러나 벌 말고도 수분을 매개하는 곤충은 많답니다. 프랑스만 꿀벌과 호박벌 천 종, 파리 6천 종, 딱정벌레 만 종, 나방을 포함한 나비 5천 종이 있어요!

* **화학물질의 사용**, 자연환경 파괴, 이런 일이 곤충 발아래에서 일어나요. 텃밭 가꾸는 사람은 곤충을 도와야 해요, 왜냐하면 우리한테 이 작은 동물이 필요하거든요!

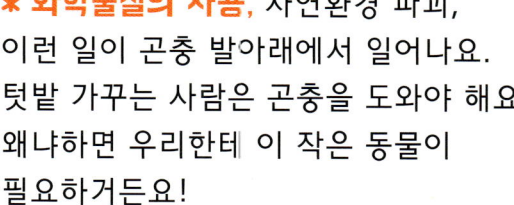
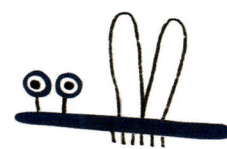

 꽃등에는 벌 같은 가로줄 무늬 덕분에 천적에게 겁을 줄 수 있어요.

 여름, 텃밭의 전성기

실습 — 곤충 호텔을 만들어요.

1. 와인 박스처럼 생긴 나무상자에 두루마리 휴지나 키친타월의 심을 넣어요.

2. 휴지 심에는 골판지를 말아서 넣고, 다른 심에는 딱총나무 열매, 나무딸기, 장미나무의 부드러운 줄기, 점토, 마른풀, 도토리, 이끼를 채워 넣어요.

3. 휴지 심 사이의 공간은 지름 2~10 밀리미터 구멍이 뚫린 나뭇조각이나 화분 깨진 조각을 겹쳐 넣어요.

4. 곤충 호텔을 꽃식물이 많은 곳에, 바람이 센 곳을 피해서 놓아요. 습기를 막기 위해 벽돌 위에 올리고, 오전에 해가 들도록 방향을 잡아요.

어휴! 난 내 집이 더 좋아!

🌼 꿀 식물은 꽃가루를 오래 많이 생산하는 것들이에요. 담쟁이덩굴, 서양 모과나무, 산사나무, 산수유나무, 사과나무, 마로니에, 해더 등이에요. 이런 나무를 텃밭에 심으면, 곤충이 꿀을 먹으러 모여들죠.

식물은 왜 물이 필요할까요?

식물은 싹이 틀 때부터 죽을 때까지 자기 몸무게의 60배 물을 먹고 버려요!

자연은 우리에게 영감을 주죠.

1. 뿌리로 빨아들인 영양소가 물과 더불어 식물의 "수액"이 돼요.

2. 이 수액은 잎에서 일어나는 광합성을 통해서 다른 영양물질을 만드는 데 사용돼요. 이렇게 초기 수액이 동화된 수액으로 변해요. 식물의 여러 기관의 성장에 꼭 필요한 이 수액은 미세한 관을 통해서 여러 기관으로 운반돼요.

3. 이렇게 끌어올리는 동력은 **증발**이에요. 증발은 잎의 앞 표면 아래에 있는 작은 숨구멍에서 일어나요. 마치 식물에 빨대가 있는 것과 같다고 할까요!

🪣 날이 무덥고 습기가 없을수록 증발이 더 활발하게 일어나요. 이럴 땐 흙에 물을 뿌려서 수분을 보충해야 해요. 하지만 주의하세요! 물을 너무 많이 주면 식물한테 굉장히 위험할 수 있어요, 뿌리가 물에 잠겨서 숨을 쉴 수 없거든요.

24 여름, 텃밭의 전성기

실습　　한여름에 물 관리하기

1. 작은 관목과 나무 주위에 있는 풀을 뽑아요. 풀은 물을 빨리 빨아들이기 때문에 나무와 관목에는 어마어마한 경쟁자랍니다.

2. 마른 잔디, 짚이나 부러진 가지로 10~15센티 정도 두께로 덮어(멀칭) 주세요. 10일마다 덮개(멀칭) 밑으로 물을 주는데, 한 나무에 물뿌리개 2통 (물 20리터)씩 주세요.

3. 그늘에 퇴비를 두고 짚이나 낙엽으로 어느 정도 두껍게 덮어주세요. 날이 덥거나 건조할 때는 가볍게 물을 뿌려주세요.

4. 괭이로 땅을 고르거나 호미로 잡풀을 뽑아요. 그렇게 하면 땅속에 생겼던 작은 구멍이 막혀요. 이 구멍이 수분이 빠져나가는 통로 역할을 하거든요.

5. 여름에는 저녁에 물을 주는 게 좋아요. 증발로 인한 물의 손실을 반으로 줄거든요. 하지만 물을 얼마나 자주 주어야 하는가는 땅의 성질에 달렸어요. 모래흙은 조금씩 자주 줘요. 진흙이나 점토질 흙은 덜 자주 주고, 줄 때는 많이 줘요.

물을 줘야 할지 모르겠어요? 흙을 깊이 5센티미터 정도 파보세요. 말랐으면, 호스를 가져오세요!

식물은 얼마나 오래 살까?

떡갈나무는 천 년을 살아요. 사과나무는 백 년, 나무딸기는 십 년에서 이십 년을 살지요.

자연은 우리에게 영감을 주죠.

* **제라늄, 달리아, 층층이부채꽃은 여러해살이 식물이에요.** 겨울 동안 사라지지만 땅속에 있는 부분은 살아있죠. 봄마다 마술처럼 다시 살아 나온답니다. 절대로 뿌리를 파버리면 안 돼요!

* **당근, 무** 그리고 꽃식물(제비꽃, 디기탈리스, 팬지 등)은 수명이 1년 이상이랍니다. 보통 가을에 싹이 나서 이듬해 봄에 꽃이 피고, 싹이 나서 1년 후에 씨를 생산하고 죽어요. 이게 **두해살이식물**이에요.

* **무, 상추, 데이지, 카네이션, 코스모스 등** 키우는 식물의 대부분은 봄에 씨를 뿌리면 몇 달 안에 줄기가 나오고, 꽃이 피고, 열매와 씨를 맺고, 그해 가을에 시들고 죽어요. **한해살이식물**이에요.

실습 영원한 팬지꽃

1. 원예 전문 매장에서 첫 씨앗을 사세요.

2. 플라스틱 쟁반에 두루마리 휴지심 여러 개를 세워놓아요.

3. 7월과 8월 사이에 "특별 모종판" 부식토를 휴지 심에 성글게 채워요. 거기에 씨앗 4~5개를 심고 부식토를 2밀리미터 두께로 덮어 주어요.

4. 물뿌리개로 물을 준 다음, 직사광선이 들지 않는 밝고 시원한 곳에 두세요. 휴지심이 축축한 상태를 유지하도록 주기적으로 물을 주세요.

5. 씨를 심고 한 달이 지나면, 싹이 틀 거예요. 못생긴 싹은 조심스럽게 떼어내고, 구멍이 뚫린 좀 더 큰 화분에 부식토를 채우고 다시 심어요.

6. 늦가을 얼음이 얼기 전에 해가 들지만, 여름에 너무 덥지 않은 곳에 팬지를 심어요.

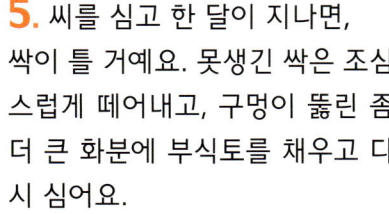

7. 늦은 봄에, 꽃이 진 줄기에서 별 모양의 꼬투리가 나와요. 그게 밤색 씨앗이 든 열매랍니다. 그것을 수확해서 봉투에 넣고 비닐봉지에 담아 냉장고에 보관하세요. 이듬해 가을에 씨앗을 심어요!

식물의 생식기는 어디에 있을까요?

꽃식물에는 수술과 배젖이 있어요, 우리처럼! 하지만 다른 점이 있어요.

> 자연은 우리에게 영감을 주죠.

* **많은 식물은 암수한몸이에요.** 그래서 꽃은 수컷인 동시에 암컷이죠.

* **꽃가루가 익으면**, 수술에서 꽃의 암술로 떨어져서 배젖을 수정시켜요. 암술은 열매로 변해요. 암술 안에 식물의 배아가 든 씨가 한 개 또는 여러 개 들어있어요.

* **어떤 식물은** 수꽃만 피는 수컷 개체와 암컷 개체가 따로 있어요. 이런 식물을 **암수딴몸**이라고 불러요!

* **다른 식물은**, 수컷 기관과 암컷 기관이 한 식물에 있지만, 한 꽃에 같이 있지는 않아요! 이런 식물들은 **암수한그루**라고 불러요!

암수한몸일거야, 그래도 예뻐!

> 🪴 많은 식물은 꽃가루가 암술까지 도달하려면 바람이나 수분 매개 곤충의 도움이 필요해요.

28 여름, 텃밭의 전성기

> **실습** 암수한몸 식물인 까치밥나무를 심어요.

햇빛이 잘 드는 곳을 고르거나, 더운 지방일 경우에는 하루 중 얼마간은 그늘이 지는 곳을 골라요.
까치밥나무는 너무 더운 데를 좋아하지 않아요.

1. 까치밥나무 묘목을 심은 화분을 물에 담가 두세요.

2. 삽으로 화분의 2배 크기로 구덩이를 파요.

3. 구덩이 안에 물이 고이지 않도록 바닥에 자갈을 깔고, 그 위에 잘 분해된 퇴비를 넣어요.

4. 까치밥나무 묘목을 화분에서 꺼낸 다음, 분형근에서도 물을 빼내요. 그런 다음 화분도 물에서 빼내요.

5. 까치밥나무를 구덩이에 넣고, 눌러가며 흙을 넣어요. 분형근 위 5~10센티미터가량 흙을 더 얹어요.

6. 물뿌리개 가득 두 번 물을 주고, 짚으로 잘 덮어주면 얼마 안 가서 작은 열매가 맺을 거예요!

이 과일을 알고 있나요, 씨가 어디에 있는지도 아나요?

씨앗이 알맹이 마다 있는 산딸기

씨앗이 한가운데 있는 사과

씨앗이 굵은 복숭아

비는 도움이 되죠. 하지만 달팽이는요?

채소 잎을 너무너무 좋아하는 달팽이와 민달팽이는 텃밭을 가꾸는 사람들은 좋아하지 않아요. 그러나 이들은 텃밭 생태에 중요한 역할을 하고 있어요.

자연은 우리에게 영감을 주죠.

* **이 연체동물은 죽은 나무를 먹어서**, 나무를 다시 순환되게 하고, 이끼와 버섯을 먹어서, 이것들이 퍼지는 걸 막아주죠. 어떤 연체동물은 육식인 것도 있어요! 게다가 채소를 먹으러 덤빌 때, 병든 잎부터 공격하기 때문에 병이 확산하는 것을 억제해요.

* **물론** 이런 사실을 안다고 해도, 이 무척추동물 배 속으로 작물이 사라져버리는 것을 보면 그다지 마음이 편치는 않죠. 그래도 이 연체동물을 완전히 없애기보다는 우리와 같이 사는 게 낫겠죠.

가을, 아름다운 쇠퇴기

실습 — 달팽이를 잡아요.

민달팽이와 달팽이가 여러분의 작물을 망가뜨리나요? 그 녀석을 치우거나, 천적이 오게 만드세요!

1. 보호하고자 하는 식물 가까이에 타일이나 나무판을 두세요. 민달팽이와 달팽이가 밤이 지나면 그리로 피난 올 거예요. 매일 아침 녀석을 모아서 화단에서 멀리 데려가세요.

2. 톱밥이나 달걀껍데기를 아끼는 식물 둘레에 두세요(비가 오면 그때마다 새로 갈아주세요).

재는 두지 마세요, 토양의 균형을 깨뜨릴 수 있어요.

3. 작물 주위에 해충을 쫓는 식물을 심어요. 금잔화, 전륜화, 보리지, 크레송, 겨자. 연체동물은 이 식물들을 너무나 싫어해서 걸음아 날 살려라하고 도망갈 거예요.

4. 살충제는 친환경 제품이라도 사용하지 마세요. 달팽이를 모조리 없애버리면 달팽이 천적도 살 수가 없으니까요!

이 먹이 웃기게 생겼네!

5. 새, 고슴도치, 발없는도마뱀, 도마뱀, 땃쥐는 달팽이와 민달팽이를 먹어요. 경작물 근처의 밭 울타리, 나무나 돌 더미는 천적들에게 숨을 곳이 되기 때문에 많이 찾아와요.

누가 과일에 구멍을 냈을까요?

냠냠! 사람들은 가을에 과일을 먹기를 좋아하죠.
새도 그렇지만, 무서운 곤충과 미생물이 우리보다 먼저 먹어버릴 때가 있어요.

> 자연은 우리에게 영감을 주죠.

* 과일 속에 벌레가 있어요.

사과를 깨물어 먹다 보면 가끔 끈적거리고 허연 벌레가 나올 때가 있어요. 우웩! 나방의 유충이에요! 나방은 과일나무 가지에 알을 낳아요. 그럼 몇 주 후에, 작은 애벌레가 알에서 나와 과일 속으로 들어가 자리를 잡아요. 애벌레는 과일 속에서 한 달을 산 다음, 나무에서 내려와 땅속이나 나무껍질 속에 숨어요. 거기서 변태가 되기 전의 겨울을 나고 이듬해 나방이 돼요.

* 버섯

여기서 버섯은 먹는 버섯이 아니에요. 이 버섯은 미생물로 과실수의 여러 가지 병의 원인이 돼요.

— 모닐리오즈균에 감염된 열매는 나무에 달린 채 쪼그라들어요, 마치 미라처럼. 열매의 껍질이 갈색으로 두꺼워지고 어떤 때는 흰색 곰팡이로 뒤덮이기도 해요.

— 배나무 어린 가지가 하얀 벨벳으로 덮였다고요? 밀가루곰팡이균에 감염된 거예요.

— 잎, 열매, 가지에 녹갈색 점이 생겼다고요? 그것은 기생균 때문에 생긴 병이에요.

실습 복숭아나무 열매가 떨어지지 않게 도와줘요.

1. 땅에 떨어진 열매와 잎을 갈퀴로 그러모아서 쓰레기통(퇴비가 아니라)에 버려요, 열매 속에 숨어있는 유충과 작은 나방까지 함께요. 수확한 열매에서 병든 것을 골라내요. 이것이야말로 진짜 병균의 온상이니까요.

🪣 영양 공급을 잘 받은 나무는 병충해에 잘 견뎌요. 2년마다 과실수 밑의 풀을 뽑고 잘 숙성된 퇴비 한 양동이를 부어서 펴놓아요.

2. 나방 유충이 변태하기 전에 잡으려면, 6월 말부터 땅에서 20센티미터쯤 위 나무줄기에 골판지를 둘러줘요. 15일마다 골판지 안을 들여다보세요. 애벌레가 보이나요? 골판지를 버리고 새 골판지를 둘러주세요. 8월 중순에 마지막으로 둘러주고 10월 말에 수확하고 난 다음에 없애버리세요.

3. 10월에 나무줄기를 "점토 붕대"로 둘러주세요. 이 점토 붕대가 나무껍질에 숨어서 겨울을 나는 기생충을 질식시킬 거예요.
만드는 방법: 천연 점토와 식물성 기름을 약간 섞어요. 물을 조금씩 부어가며 농도를 팬케이크 반죽 정도로 맞춰요. 날이 좋은 날에 붓으로 나무줄기 밑부터 첫 가지 난 곳까지 발라주세요.

자연에 사람 손이 많이 가면 왜 좋지 않을까요?

시골에 경작되지 않는 들판이 점점 줄고 있고, 도시조차도 빈 땅을 찾기가 어려워요.

자연은 우리에게 영감을 주죠.

✷ **사람 손이 닿지 않아서 "잡초"가 무성한 구석**은 여우, 토끼, 고슴도치 같은 작은 포유동물, 새, 곤충에게 피난처가 돼요. 이 친구들은 지나치게 "깔끔한" 텃밭은 별로 가고 싶어 하지 않아요!

✷ 야생 생태계에서 영감을 얻고자 한다면 완벽하게 손질된 텃밭을 가지겠다는 생각을 포기하면 돼요. 야생 생태계에서는 먹이사슬(포식자, 초식동물, 식물, 분해자)의 단계마다 많은 종이 있지요. 수많은 종이 서로 조절하기 때문에 어떤 종도 다른 종보다 월등하게 많을 수가 없어요.

> 곤충의 먹잇감을 베어버리는 잔디 깎는 기계를 주의해서 쓰세요! 3월과 8월에만 사용하는 게 나아요. 그래야 봄에 꽃이 필 수 있고, 늦여름에 씨앗을 어느 정도 보존할 수 있어요. 겨울이 오면, 새들이 그 씨앗을 맛있게 먹을 거예요!

실습 잔디를 예쁘게 꾸미면 생물의 다양성에 도움을 줘요.

1. 초여름에 빈 땅을 준비해요: 잔디에 빛을 차단하기 위해서 판지 (또는 깔개) 두 장을 펴놓아요.

2. 9월 말에 힘이 빠진 잡풀을 괭이나 쇠스랑으로 뽑아내요.

3. 괭이와 갈퀴 혹은 가래질용 쇠스랑으로 땅을 갈아요. 오래된 뿌리와 돌멩이를 제거해요.

4. 확실하게 남은 씨를 제거하기 위해 "가짜 씨뿌리기"를 해요. 가는 물줄기로 땅에 물을 주고, 2주를 기다린 다음, 자라나온 것을 갈퀴질로 뿌리를 뽑아요. 갈퀴질한 것은 그 자리에 두세요.

5. 같은 날 "곤충 먹이용" 또는 "새 모이용" 여러 가지 씨를 섞어서 뒷걸음질하며 공중에서 흩뿌려요. 씨가 골고루 퍼지도록 힘주지 말고 갈퀴질을 하세요. 그 다음, 굴림대로 다져주세요.

6. 가는 물줄기로 적당히 물을 주세요. 3주가 지나면, 싹이 나기 시작할 거예요.

겨울에 새를 어떻게 돕는 게 좋을까요?

브르르르! 가엾은 울새가 나뭇가지 위에서 떨고 있네요. 울새를 돕고 싶어요. 하지만 새와 친해지는 일이 하루아침에 되는 게 아니죠!

> 자연은 우리에게 영감을 주죠.

* **얼음이 얼기 시작할 때 모이 주기를 시작하세요.** 봄이 돌아오면 차츰차츰 멈추세요. 그렇게 해야 모이를 받아먹던 새가 다시 혼자서 먹이활동을 할 수 있게 돼요.

* **겨울에 새 모이로 가장 좋은 것은 깨나 해바라기 씨 같은 씨앗**이랍니다. 사과나 아몬드, 앵두는 줘도 돼요. 반대로, 우유나, 마른 빵, 비스킷은 주지 마세요. 일반적으로, 너무 달거나 짠 음식은 피하세요.

* **모이통 주위에 모여든** 새들이 모이통 때문에 병에 걸릴 수 있어요. 모이통을 비누로 주기적으로 닦고, 겨울 동안 모이통에 새똥이 쌓이는 것을 피하려면 한 번은 모이통을 다른 곳으로 옮기세요.

> 🪣 모이를 주는 새에게 깨끗한 물을 주는 것도 잊지 마세요. 모이만큼 물도 없어서는 안 되고, 얼음이 얼면 새가 먹을 물이 귀해져요.

실습 새를 위한 모이통을 만들어요.

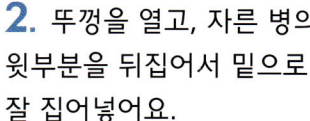

1. 1.5 리터 플라스틱 생수병 두 개를 반으로 잘라요.

2. 뚜껑을 열고, 자른 병의 윗부분을 뒤집어서 밑으로 잘 집어넣어요.

3. 밑에서 5센티미터 위에 마주 보게 창을 내요. 창 아래 구멍을 두 개 뚫어요. 나무 막대기 하나를 꿰어 홰를 만들어요.

4. 두 번째 병 윗부분을 잘라요. 양쪽에 구멍을 뚫고 끈을 통과시켜요. 뚜껑을 닫은 상태로 뒤집은 다음 첫째 병에 올려서 두 병을 하나로 합치세요.

5. 아랫부분은 곡식 낱알을 채우고 윗부분은 물을 담아요. 접착테이프로 구조물을 튼튼하게 만드세요.

6. 새를 위한 식당이 완성됐어요! 바람이 없는 높은 곳에 걸어요. 이제 새들이 낱알을 쪼아 먹는 모습을 감상해요.

나도 낱알 쪼아 먹고 싶다!

맛있는 어린이 인문학 시리즈

자연의 품에서 자라 우리 식탁에 오르는 다양한 먹거리들
어디서 왔는지, 어떤 과정을 거쳤는지
어떻게 하면 더욱 건강하게 즐길 수 있는지 어린이와 함께 생각합니다.

❶ 설탕 — 미셸 프란체스코니 글 | 니콜라 구니 그림
❷ 우유 — 프랑수아즈 로랑 글 | 니콜라 구니 그림
❸ 달걀 — 필립 시몽 글 | 니콜라 구니 그림
❹ 빵 — 프랑수아즈 로랑 글 | 니콜라 구니 그림
❺ 사과 — 안느클레르 레베크 글 | 니콜라 구니 그림
❻ 꿀 — 프랑수아즈 로랑 글 | 니콜라 구니 그림
❼ 쌀 — 프랑수아즈 로랑 글 | 니콜라 구니 그림
❽ 토마토 — 미셸 프란체스코니 글 | 니콜라 구니 그림
❾ 감자 — 상드린 뒤마 로이 글 | 니콜라 구니 그림
❿ 초콜릿 — 상드린 뒤마 로이 글 | 니콜라 구니 그림
⓫ 물 — 프랑수아즈 로랑 글 | 니콜라 구니 그림
⓬ 바나나 — 안느클레르 레베크 글 | 니콜라 구니 그림
⓭ 어린이 슬로푸드 요리책 — 이자벨 프란체스코니 지음 | 니콜라 구니 그림
⓮ 파스타 — 에마뉘엘 트레데즈 지음 | 니콜라 구니 그림
⓯ 치킨 — 프랑수아즈 로랑 지음 | 니콜라 구니 그림
⓰ 생물의 다양성을 위한 **도시 텃밭 가꾸기** — 마리 레크로아르 지음 | 니콜라 구니 그림